AF537421

Charbel Gauthe

L'Afrique en bref

Portraits des pays africains

Bibliografische Information der Deutschen Nationalbibliothek:
Die Deutsche Nationalbibliothek verzeichnet diese Publikation in der Deutschen Nationalbibliografie; detaillierte bibliografische Daten sind im Internet über http://dnb.dnb.de abrufbar.

Herstellung und Verlag: BoD – Books on Demand, Norderstedt

ISBN: 978-3-7519-7120-1

Inhaltsverzeichnis

Introduction

L'Afrique est un continent géant avec une superficie de 30 millions de km² pour une population de 1,3 milliard d'habitants (2019).

Afin que tu ais une idée de la taille de l'Afrique, voici une petite comparaison : l'Europe a une superficie de 10 millions de km² et une population de 750 millions d'habitants (2019). L'Asie fait 44 millions de km² pour une population de 4,4 milliards d'habitants (2019). L'Amérique a une superficie de 42 millions de km² et une population de 1 milliard d'habitants (2019).

L'Afrique compte 55 pays indépendants qui sont tous membres de l'Union Africaine. On distingue l'Afrique du nord (Maroc, Égypte ou Tunisie) et l'Afrique Subsaharienne ou l'Afrique au sud du Sahara.

L'Afrique subsaharienne est divisée en quatre zones : l'Afrique de l'ouest avec des pays comme le Bénin, le Nigéria, la Côte d'Ivoire ou le Sénégal ; l'Afrique de l'est regroupant des pays comme le Kenya, le Rwanda ou l'Éthiopie ; l'Afrique centrale qui compte le Cameroun, la République du Congo (capitale Brazzaville) ou le Gabon ; l'Afrique australe avec des pays comme l'Afrique du Sud, la Namibie ou le Botswana.

AFRIQUE DU SUD

Nom officiel République d'Afrique du Sud
Lieu Afrique australe
Superficie 1 219 090 km²
Population 56,46 millions (2020)
Capitale(s) Pretoria (capitale administrative)
Le Cap (Capitale législative)
Bloemfontein (Capitale judiciaire)
Villes principales Johannesburg, Durban, Le Cap, East Rand
Langues officielles le Zoulou, le Xhosa, l'Afrikaans, l'Anglais, le Sepedi, le Sesotho, le Setswana, le Xitsonga, le Siswati, le Tshivenda, le Ndebele.
Hymne national Nkosi Sikelel' iAfrika (Dieu protège l'Afrique)
Indépendance 31 mai 1910
(création de l'Union d'Afrique du Sud)
31 mai 1961 (le pays devient une république)
Pays colonisateur Royaume-Uni
Fête nationale 27 avril (cette date commémore les premières élections multiraciales de l'histoire de l'Afrique du Sud en 1994.
Devise *!ke e: ǀxarra ǁke* (L'unité dans la diversité)
Monnaie rand
Indicatif tél. + 27
Pays limitrophes Namibie (au nord-ouest) ; Botswana (au nord) ; Zimbabwe (au nord-est) ; Mozambique et l'Eswatini (à l'est)

Les habitants de l'Afrique du Sud se nomment des Sud Africaines ou des Sud-Africains.

ALGERIE

Nom officiel	République algérienne démocratique et populaire
Lieu	Afrique du nord (Maghreb)
Superficie	2,38 millions km²
Population	43, 8 millions (2020)
Capitale(s)	Alger
Villes principales	Oran, Constantine, Annaba, Tlemcen, Sétif
Langues officielles	arabe et tamazight
Autres langues	l'arabe algérien, langues berbères
Hymne national	Kassaman (« Nous jurons » en arabe) ; Tagallit (« le serment » en berbère)
Indépendance	5 juillet 1962
Fête nationale	1er novembre (en souvenir du 1er novembre 1954, date du déclenchement de la lutte pour l'indépendance)
Devise	بالشّعب وللشّعب (*Bil-sha'b wa lil-sha'b*) « Par le Peuple et pour le Peuple »
Monnaie	dinar algérien
Indicatif tél.	+ 213
Pays limitrophes	Tunisie au nord-est ; Libye à l'est ; Niger au sud-est ; Mali au sud-ouest ; Mauritanie et Sahara occidental à l'ouest, Maroc au nord-ouest

Les habitants de l'Algérie se nomment des Algériennes ou des Algériens.

ANGOLA

Nom officiel	République d'Angola
Lieu	Afrique australe
Superficie	1 246 700 km²
Population	32,86 millions (2020)
Capitale(s)	Luanda
Villes principales	Huambo, Benguela, Lobito, Namibie, Lubango, Cabinda, Malanje
Langue officielle	Portugais
Hymne national	Angola Avante (En avant, Angola)
Indépendance	11 novembre 1975
Pays colonisateur	Portugal
Devise	*Virtus Unita Fortior* (« L'union fait la force »)
Monnaie	Kwanza
Indicatif tél.	+ 244
Pays limitrophes	République démocratique du Congo au nord ; République du Congo au nord-ouest ; Zambie à l'est ; Namibie au sud

La République d'Angola est divisée en dix-huit (18) provinces.

Les habitants de l'Angola se nomment des angolaises ou des angolais.

BENIN

Nom officiel	République du Bénin
Lieu	Afrique de l'ouest
Superficie	114.763 km²
Population	12,86 millions (2020)
Capitale	Porto-Novo (siège de l'assemblée nationale)
Villes principales	Cotonou, Abomey-Calavi, Ouidah, Abomey, Parakou, Djougou
Langue officielle	français
Langues courantes	fon, adja, yoruba, bariba, dendi
Hymne national	Aube Nouvelle
Indépendance	1er août 1960 sous le nom de Dahomey ; le 1er août est demeuré la date de la fête nationale.
Pays colonisateur	France
Devise	Fraternité – Justice – Travail
Monnaie	franc CFA de l'Union économique et monétaire ouest-africaine (UEMOA)
Indicatif tél.	+ 229
Pays limitrophes	Togo (à l'ouest) ; Nigéria (à l'est) ; Niger (au nord) ; Burkina Faso (au nord-ouest)

Les habitants du Bénin se nomment des Béninoises ou des Béninois.

BOTSWANA

Nom officiel	République du Botswana
Lieu	Afrique australe
Superficie	581.726 km²
Population	2,35 millions (2020)
Capitale(s)	Gaborone
Villes principales	Francistown, Molepolole
Langues officielles	tswana, anglais
Hymne national	Fatshe leno la rona (Que soit bénie cette noble terre)
Indépendance	30 septembre 1966
Pays colonisateur	Royaume-Uni
Devise	Bring on the rain (Que tombe la pluie)
Monnaie	Pula
Indicatif tél.	+ 267
Pays limitrophes	Namibie à l'ouest et au nord ; Afrique du Sud au sud ; Zambie au nord-est ; Zimbabwe à l'est.

Les habitants du Botswana se nomment des Botswanaises ou des Botswanais.

BURKINA FASO

Nom officiel	République du Burkina
Lieu	Afrique de l'ouest
Superficie	274. 000 km²
Population	20,90 millions (2020)
Capitale(s)	Ouagadougou
Villes principales	Bobo-Dioulasso, Koudougou
Langue officielle	français
Langues courantes	mooré, dioula, Peul
Hymne national	Ditanyè (Hymne de la victoire)
Indépendance	5 août 1960 sous le nom de Haute-Volta
Devise	Unité - Progrès - Justice
Monnaie	franc CFA de l'Union économique et monétaire ouest-africaine (UEMOA)
Indicatif tél.	+ 226
Pays limitrophes	Mali au nord-ouest, Niger au nord-est, Bénin et Togo au sud-est, Ghana au sud et Côte d'Ivoire au sud-ouest

Les habitants du Burkina Faso se nomment des Burkinabés.

Le Burkina Faso est très connu dans le monde grâce à l'un de ses dignes fils Thomas Sankara. Peut-être as-tu déjà entendu parler de lui. Dans le cas contraire clique sur ce lien pour en savoir plus.

BURUNDI

Nom officiel	République du Burundi
Lieu	Afrique centrale
Superficie	27.834 km²
Population	11,89 millions (2020)
Capitale(s)	Gitega (capitale politique) Bujumbura (capitale économique)
Villes principales	Ngozi, Rumonge, Muyinga
Langues officielles	français, Kirundi
Hymne national	Burundi Bwacu (Burundi aimé)
Indépendance	1er juillet 1962
Pays colonisateur	Belgique
Devise	Unité – Travail – Progrès
Monnaie	Franc burundais
Indicatif tél.	+ 257
Pays limitrophes	République démocratique du Congo à l'ouest, Rwanda au nord, Tanzanie à l'est et au sud

Les habitants du Burundi se nomment des Burundaises ou des Burundais.

CAMEROUN

Nom officiel	République du Cameroun
Lieu	Afrique centrale
Superficie	475. 440 km²
Population	27,74 millions (2020)
Capitale(s)	Yaoundé (capitale politique) Douala (capitale économique)
Villes principales	Bafoussam, Garoua, Maroua, Bamenda
Langues officielles	français, anglais
Hymne national	Ô Cameroun berceau de nos ancêtres (Chant de Ralliement)
Indépendance	1er janvier 1960
Pays colonisateur	France
Fête nationale	20 mai (cette date commémore la naissance de la république unie du Cameroun et la fin de la fin du système fédéral)
Devise	Paix – Travail – Patrie
Monnaie	franc CFA de la Coopération économique et monétaire en Afrique centrale (CEMAC)
Indicatif tél.	+ 237
Pays limitrophes	Nigéria au nord-ouest, Tchad au nord-est, République Centrafricaine à l'est, République du Congo au sud-est, Gabon au sud, Guinée équatoriale au sud-est

Les habitants du Cameroun sont appelés Camerounaises ou Camerounais.

CAP-VERT

Nom officiel	République du Cap-Vert
Lieu	Afrique de l'ouest
Superficie	4.033 km²
Population	583.255 (2020)
Capitale	Praia
Villes principales	Mindelo, Assomada
Langue officielle	portugais, créole du Cap-Vert
Autres langues	L'anglais et le français sont utilisées comme langues de travail
Hymne national	Cântico da Liberdade (Chant de la Liberté)
Indépendance	5 juillet 1975
Pays colonisateur	Portugal
Devise	« Unidade, Trabalho, Progresso » (Unité – Travail – Progrès)
Monnaie	escudo cap-verdien
Indicatif tél.	+ 238
Pays limitrophes	Le Cap-Vert est un État insulaire (composé d'îles). Aux larges des ses côtes on a la République du Sénégal

Les habitants du Cap-Vert sont appelés des Capverdiennes ou des Capverdiens.

CENTRAFRIQUE

Nom officiel	République centrafricaine
Lieu	Afrique centrale
Superficie	622.984 km²
Population	5.990.855 millions (2020)
Capitale	Bangui
Villes principales	Berbérati, Carnot
Langues officielles	français, sango
Hymne national	La Renaissance
Indépendance	13 août 1960
Pays colonisateur	France
Devise	Unité – Dignité – Travail
Monnaie	franc CFA de la Coopération économique et monétaire en Afrique centrale (CEMAC)
Indicatif tél.	+ 236
Pays limitrophes	Cameroun à l'ouest, Tchad au nord-ouest, Soudan au nord-est, Soudan du Sud à l'est, République démocratique du Congo au sud-est, République du Congo au sud-ouest.

Les habitants de la Centrafrique sont appelés Centrafricaines ou Centrafricains.

COMORES

Nom officiel	Union des Comores
Lieu	Afrique de l'est
Superficie	2.235 km²
Population	846.281 (2020)
Capitale	Moroni
Villes principales	Mutsamudu, Fomboni
Langues officielles	arabe, français, comorien
Hymne national	Udzima wa yamasiwa (Union des îles)
Indépendance	6 juillet 1975
Pays colonisateur	France
Devise	Unité – Égalité – Paix
Monnaie	franc comorien
Indicatif tél.	+ 269

Les habitants des Comores sont appelés Comoriennes et Comoriens.

CONGO

Nom officiel	République du Congo
Lieu	Afrique centrale
Superficie	342.000 km²
Population	5.29 millions (2020)
Capitale	Brazzaville
Villes principales	Pointe-Noire, Dolisie, Mossendjo
Langue officielle	français
Langues courantes	lingala, kituba
Hymne national	La Congolaise
Indépendance	15 août 1960
Pays colonisateur	France
Devise	Unité – Travail – Progrès
Monnaie	franc CFA de la Coopération économique et monétaire en Afrique centrale (CEMAC)
Indicatif tél.	+ 242
Pays limitrophes	Gabon à l'ouest, Cameroun au nord-ouest, Centrafrique au nord-est, République démocratique du Congo à l'est et au sud-est, l'Angola au sud-ouest.

Les habitants du Congo sont appelés Congolaises ou Congolais.

CONGO (RD)

Nom officiel	République démocratique du Congo
Lieu	Afrique centrale
Superficie	2.344.858 km²
Population	101.78 millions (2020)
Capitale	Kinshasa
Villes principales	Lubumbashi, Mbuji-Mayi, Goma, Bukavu
Langue officielle	français
Langues courantes	lingala, kikongo, swahili, tshiluba
Hymne national	Debout Congolais
Indépendance	30 juin 1960
Pays colonisateur	Belgique
Devise	Justice – Paix – Travail
Monnaie	franc congolais
Indicatif tél.	+ 243
Pays limitrophes	République du Congo à l'ouest, Centrafrique au nord, Soudan du Sud au nord-est, Ouganda, Rwanda, Burundi et Tanzanie à l'est, Zambie au sud-est, Angola au sud

Les habitants de la république démocratique du Congo sont appelés Congolaises ou Congolais.

COTE D'IVOIRE

Nom officiel	République de Côte d'Ivoire
Lieu	Afrique de l'ouest
Superficie	322.462 km²
Population	27.481.086 millions (2020)
Capitale	Yamoussoukro
Villes principales	Abidjan, Bouaké, Daloa, Korhogo, Man
Langue officielle	français
Hymne national	L'abidjanaise
Indépendance	7 août 1960
Pays colonisateur	France
Devise	Union – Discipline – Travail
Monnaie	franc CFA de l'Union économique et monétaire ouest-africaine (UEMOA)
Indicatif tél.	+ 225
Pays limitrophes	Mali au nord-ouest, Burkina Faso au nord-est, Ghana à l'est, Libéria au sud-ouest, Guinée à l'ouest.

Les habitants de la Côte d'Ivoire sont appelés Ivoiriennes ou Ivoiriens.

DJIBOUTI

Nom officiel	République de Djibouti
Lieu	Afrique de l'est
Superficie	23.200 km²
Population	921.804 (2020)
Capitale	Djibouti
Villes principales	Ali Sabieh, Dikhil, Arta, Tadjoura
Langues officielles	arabe, français
Langues courantes	afar, somali
Hymne national	Djibouti
Indépendance	27 juin 1977
Pays colonisateur	France
Devise	Unité – Égalité – Paix
Monnaie	franc Djiboutien
Indicatif tél.	+ 253
Pays limitrophes	Somalie au sud, Éthiopie à l'ouest, Érythrée au nord

Les habitants de la République de Djibouti sont appelés des Djiboutiennes et des Djiboutiens.

ÉGYPTE

Nom officiel	République arabe d'Égypte
Lieu	Afrique du nord (Maghreb)
Superficie	1.001.450 km²
Population	104.12 millions (2020)
Capitale(s)	Le Caire
Villes principales	Alexandrie, Port-Saïd, Assiout, Louqsor
Langue officielle	arabe
Hymne national	Biladi, Biladi, Biladi (Ma patrie, ma patrie, ma patrie)
Indépendance	28 février 1922
Pays colonisateur	Royaume-Uni
Monnaie	livre égyptienne
Indicatif tél.	+ 20
Pays limitrophes	Libye à l'ouest, Israël au nord-est, Soudan au sud

Les habitants de l'Égypte sont appelés égyptiennes et égyptiens.

ÉRYTHREE

Nom officiel	État d'Érythrée
Lieu	Afrique de l'est
Superficie	117.600 km²
Population	6.08 millions (2020)
Capitale	Asmara
Villes principales	Massaoua, Assab, Keren
Langues officielles	tigrigna, arabe, français
Langues courantes	tigré, kunama, bilen, saho, nara
Hymne national	Ertra, Ertra, Ertra (Érythrée, Érythrée, Érythrée)
Indépendance	24 mai 1993
Pays colonisateur	Éthiopie
Monnaie	nafka
Indicatif tél.	+ 291
Pays limitrophes	Soudan à l'ouest, Éthiopie au sud, Djibouti au sud-est

Les habitants de l'Érythrée sont appelés Erythréennes et Érythréens.

ESWATINI

Nom officiel	Royaume d'Eswatini
Lieu	Afrique australe
Superficie	17.364 km²
Population	1.104 million (2020)
Capitales	Mbabane (capitale administrative) Lobamba (capitale royale et législative)
Villes principales	Manzini, Siteki
Langues officielles	swati, anglais
Hymne national	Nkulunkulu Mnikati weibusiso temaSwati (Ô Seigneur est notre dieu, Eswatini)
Indépendance	6 septembre 1968
Pays colonisateur	Royaume-Uni
Devise	Siyinqaba (Nous sommes une forteresse)
Monnaie	lilangeni
Indicatif tél.	+ 268
Pays limitrophes	Bordé du nord-ouest au sud-est par l'Afrique du Sud, limité au nord-est par le Mozambique.

Les habitants du royaume d'Eswatini sont appelés Eswatiniennes et Eswatiniens.

ÉTHIOPIE

Nom officiel République démocratique fédérale d'Éthiopie

Lieu	Afrique de l'est
Superficie	1.104.300 km²
Population	108.113.150 (2020)
Capitale	Addis-Abeba
Villes principales	Debra Zeit, Nazret, Bahir Dar
Langues officielles	amharique, anglais, arabe, oromigna et tigrinya (régionales)
Hymne national	Wedefit Gesgeshi Woude Enat Ityopya (Marche vers l'avant, chère Mère Éthiopie)
Indépendance	L'Éthiopie est le seul pays d'Afrique à avoir maintenu son autonomie pendant la période coloniale. C'est-à-dire qu'elle n'a pas été colonisée.
Monnaie	birr
Indicatif tél.	+ 251
Pays limitrophes	Érythrée au nord, Somalie au sud-est, Soudan au nord-ouest, Soudan du Sud au sud-ouest, Kenya au sud Djibouti au nord-est

Les habitants de l'Éthiopie sont appelés Éthiopiennes ou Éthiopiens.

GABON

Nom officiel	République gabonaise
Lieu	Afrique centrale
Superficie	267.667 km²
Population	2.230.908 (2020)
Capitale	Libreville
Villes principales	Port-Gentil, Franceville
Langue officielle	français
Hymne national	La Concorde
Indépendance	17 août 1960
Pays colonisateur	France
Devise	Union – Travail – Justice
Monnaie	franc CFA de la Coopération économique et monétaire en Afrique centrale (CEMAC)
Indicatif tél.	+ 241
Pays limitrophes	Guinée équatoriale au nord-ouest, Cameroun au nord, République du Congo à l'est.

Les habitants du Gabon sont appelés Gabonaises et Gabonais.

GAMBIE

Nom officiel	République de Gambie
Lieu	Afrique de l'ouest
Superficie	11.300 km²
Population	2.173.999 (2020)
Capitale	Banjul
Villes principales	Brikama, Bakau, Farafeni
Langue officielle	anglais
Langues courantes	wolof, mandingue, fula
Hymne national	For The Gambia Our Homeland (Pour la Gambie notre patrie)
Indépendance	18 février 1965
Pays colonisateur	Royaume-Uni
Devise	Progress, Peace, Prosperity (Progrès – Paix – Prospérité)
Monnaie	dalasi
Indicatif tél.	+ 220
Pays limitrophes	La Gambie est un État enclavé dans le Sénégal.

Les habitants de la Gambie sont appelés Gambiennes et Gambiens.

GHANA

Nom officiel	République du Ghana
Lieu	Afrique de l'ouest
Superficie	238.533 km²
Population	29.340.248 (2020)
Capitale	Accra
Villes principales	Kumasi, Sekondi-Takoradi, Tamale
Langue officielle	anglais
Langues courantes	akan, dagaare, dagbane, dangme
Hymne national	God Bless Our Homeland Ghana (Dieu bénisse notre patrie, le Ghana)
Indépendance	6 mars 1957
Pays colonisateur	Royaume-Uni
Devise	Freedom and Justice (Liberté et Justice)
Monnaie	cedi
Indicatif tél.	+ 233
Pays limitrophes	Côte d'Ivoire à l'ouest, Burkina Faso au nord, Togo à l'est

Les habitants du Ghana sont appelés Ghanéennes et Ghanéens.

GUINEE

Nom officiel	République de Guinée
Lieu	Afrique de l'ouest
Superficie	245.857 km²
Population	12.527.440 (2020)
Capitale	Conakry
Villes principales	Kindia, Kankan, Nzérékoré
Langue officielle	français
Langues courantes	peul, malinké, soussou
Hymne national	Liberté
Indépendance	2 octobre 1958
Pays colonisateur	France
Devise	Travail – Justice – Solidarité
Monnaie	franc guinéen
Indicatif tél.	+ 224
Pays limitrophes	Guinée-Bissau et Sénégal au nord-ouest, Mali au nord-est, Côte d'Ivoire au sud-est, Liberia au sud-est, Sierra Leone à sud-ouest

Les habitants de la Guinée sont appelés Guinéennes et Guinéens.

GUINEE-BISSAU

Nom officiel	République de Guinée-Bissau
Lieu	Afrique de l'ouest
Superficie	36.125 km²
Population	1.927.104 (2020)
Capitale	Bissau
Villes principales	Bafata, Gabu, Cacheu
Langue officielle	portugais
Langues courantes	français, krio, balante
Hymne national	Esta é a Nossa Pátria Bem Amada (Ceci est notre bien-aimé pays)
Devise	Unidade, Luta, Progresso (Unité – Lutte -Progrès)
Indépendance	24 septembre 1973
Pays colonisateur	Portugal
Monnaie	franc CFA de l'Union économique et monétaire ouest-africaine (UEMOA)
Indicatif tél.	+ 245
Pays limitrophes	Sénégal au nord, Guinée à l'est

Les habitants de la Guinée-Bissau sont appelés Bissao-Guinéennes ou Bissaoguinéens.

GUINEE EQUATORIALE

Nom officiel	République de Guinée équatoriale
Lieu	Afrique centrale
Superficie	28.051 km²
Population	836.178 (2020)
Capitale	Malabo
Villes principales	Bata, Malabo
Langues officielles	espagnol, français, portugais
Hymne national	Caminemos pisando las sendas de nuestra inmensa felicidad (Marchons en foulant les chemins de notre bonheur immense)
Indépendance	12 octobre 1968
Pays colonisateur	Espagne
Devise	Unidad, Paz, Justicia (Unité, paix, justice)
Monnaie	franc CFA de la Coopération économique et monétaire en Afrique centrale (CEMAC)
Indicatif tél.	+ 240
Pays limitrophes	Cameroun et Gabon

Les habitants de la Guinée équatoriale sont appelés Equatoguinéenes et Équatoguinéens.

KENYA

Nom officiel	République du Kenya
Lieu	Afrique de l'est
Superficie	580.367 km²
Population	53.527.936 (2020)
Capitale	Nairobi
Villes principales	Mombasa, Kisumu, Eldoret, Nyeri
Langues officielles	anglais, swahili
Hymne national	Ee Mungu Nguvu Yetu (Ô Dieu de toute création)
Indépendance	12 décembre 1963
Pays colonisateur	Royaume-Uni
Devise	Harambee (travaillons ensemble)
Monnaie	shilling kényan
Indicatif tél.	+ 254
Pays limitrophes	Soudan du Sud au nord-ouest, Éthiopie au nord, Somalie à l'est, Ouganda à l'ouest, Tanzanie au sud-sud-ouest

Les habitants du Kenya sont appelés Kényanes et Kényans.

LESOTHO

Nom officiel	Royaume du Lesotho
Lieu	Afrique australe
Superficie	30.355 km²
Population	1.969.334 (2020)
Capitale	Maseru
Villes principales	Teyateyaneng, Leribe, Mafeteng
Langues officielles	sesotho, anglais
Hymne national	Lesōthō fatše la bo ntat'a rōna (Lesotho, terre de nos pères)
Indépendance	4 octobre 1966
Pays colonisateur	Royaume-Uni
Devise	Khotso, Pula, Nala (Paix, pluie et prospérité)
Monnaie	loti
Indicatif tél.	+ 266
Pays limitrophes	Le Lesotho est entièrement enclavé dans l'Afrique du Sud.

Les habitants du Lesotho sont appelés Lesothiennes et Lesothiens.

LIBERIA

Nom officiel	République du Liberia
Lieu	Afrique de l'ouest
Superficie	111.369 km²
Population	5.073.296 (2020)
Capitale	Monrovia
Villes principales	Gbarnga, Harper, Buchanan
Langue officielle	anglais
Hymne national	All Hail, Liberia, Hail! (Gloire à toi, Libéria, gloire à toi !)
Indépendance	26 juillet 1847
Pays colonisateur	États-Unis
Devise	The love of liberty brought us here (L'amour de la liberté nous a amené ici)
Monnaie	dollar libérien
Indicatif tél.	+ 231
Pays limitrophes	Sierra Leone au nord-ouest, Guinée au nord, Côte d'Ivoire à l'est

Les habitants du Libéria sont appelés Libériennes et Libériens.

LIBYE

Nom officiel	État de Libye
Lieu	Afrique du nord (Maghreb)
Superficie	1.759.540 km²
Population	6.890.535 (2020)
Capitale	Tripoli
Villes principales	Benghazi, Misrata, El Beïda
Langue officielle	arabe
Hymne national	Libye, Libye, Libye
Indépendance	24 décembre 1951 (de la tutelle de l'ONU)
Monnaie	dinar libyen
Indicatif tél.	+ 218
Pays limitrophes	Tunisie au nord-ouest, Algérie à l'ouest, Niger au sud-ouest, Tchad et Soudan au sud-est, Égypte à l'est

Les habitants de la Libye sont appelés Libyennes et Libyens.

MADAGASCAR

Nom officiel	République de Madagascar
Lieu	Afrique de l'est
Superficie	587.041 km²
Population	26.955.737 (2020)
Capitale	Antananarivo
Villes principales	Toamasina, Antsirabe, Fianarantsoa
Langues officielles	malgache, français
Hymne national	Ry Tanindrazanay malala ô (Ô Terre de nos ancêtres bien-aimés)
Indépendance	26 juin 1960
Pays colonisateur	France
Devise	Fitiavana, Tanindrazana, Fandrosoana (Amour, Patrie, Progrès)
Monnaie	ariary
Indicatif tél.	+ 261
Pays limitrophes	Somalie au sud, Éthiopie à l'ouest, Érythrée au nord

Madagascar est la cinquième plus grande île du monde en superficie.

Les habitants de Madagascar sont appelés Malgaches.

MALAWI

Nom officiel	République du Malawi
Lieu	Afrique australe
Superficie	118.484 km²
Population	21.196.629 (2020)
Capitale	Lilongwe
Villes principales	Blantyre, Mzuzu, Zomba, Kasungu
Langues officielles	chichewa, anglais
Hymne national	Mlungu salitsani malawi (Dieu bénisse le Malawi)
Indépendance	6 juillet 1964
Pays colonisateur	Royaume-Uni
Devise	Unity and freedom (Unité et liberté)
Monnaie	kwacha
Indicatif tél.	+ 265

Les habitants du Malawi sont appelés Malawites.

MALI

Nom officiel	République du Mali
Lieu	Afrique de l'ouest
Superficie	1.240.192 km²
Population	19.553.397 (2020)
Capitale	Bamako
Villes principales	Sikasso, Koutiala, Ségou, Kayes, Mopti, Gao
Langue officielle	français
Langues courantes	mandingue (bambara, malinké, dioula), tamasheq, poular, senoufo, bobo, songhaï
Hymne national	Pour l'Afrique et pour toi, Mali
Indépendance	22 septembre 1960
Pays colonisateur	France
Devise	Un peuple, un but, une foi
Monnaie	franc CFA de l'Union économique et monétaire ouest-africaine (UEMOA)
Indicatif tél.	+ 223
Pays limitrophes	Mauritanie à l'ouest, Algérie au nord-est, Niger à l'est, Burkina Faso et Côte d'Ivoire au sud-est, Guinée au sud, Sénégal au sud-ouest.

Les habitants du Mali sont appelés Maliennes et Maliens.

MAROC

Nom officiel Royaume du Maroc
Lieu Afrique du nord (Maghreb)
Superficie 446.550 km²
Population 35.561.654 (2020)
Capitale Rabat
Villes principales Casablanca, Fès, Tanger, Meknès, Marrakech, Salé, Agadir
Langues officielles arabe, tamazight
Langues courantes français (commerce, politique, diplomatie), langues berbères
Hymne national Hymne Cherifien
Indépendance 2 mars 1956
Pays colonisateur France
Devise Dieu, la Patrie, le Roi
Monnaie dirham marocain
Indicatif tél. + 212
Pays limitrophes Algérie à l'est, Sahara occidental au sud-ouest

Les habitants du Maroc sont appelés Marocaines et Marocains.

MAURICE

Nom officiel	République de Maurice
Lieu	Afrique de l'est
Superficie	2.040 km²
Population	1.379.365 (2020)
Capitale	Port-Louis
Villes principales	Quatre-Bornes, Curepipe, Rose Hill
Langues officielles	anglais, français
Hymne national	Motherland (Mère patrie)
Indépendance	12 mars 1968
Pays colonisateur	Royaume-Uni
Monnaie	roupie mauricienne
Indicatif tél.	+ 230

Les habitants de Maurice sont appelés Mauriciennes et Mauriciens.

MAURITANIE

Nom officiel	République islamique de Mauritanie
Lieu	Afrique du nord (Maghreb)
Superficie	1.030.700 km²
Population	4.005.475 (2020)
Capitale	Nouakchott
Villes principales	Nouadhibou, Fassala
Langue officielle	arabe
Langues courantes	français, peul, soninké, wolof
Hymne national	Hymne National de la République Islamique de Mauritanie
Indépendance	28 novembre 1960
Pays colonisateur	France
Devise	Honneur – Fraternité – Justice
Monnaie	Ouguiya
Indicatif tél.	+ 222
Pays limitrophes	Sahara Occidental au nord, Algérie au nord-ouest, Mali à l'est, Sénégal au sud-ouest.

Les habitants de la Mauritanie sont appelés Mauritaniennes et Mauritaniens.

MOZAMBIQUE

Nom officiel République du Mozambique
Lieu Afrique australe
Superficie 799.380 km²
Population 30.098.197 (2020)
Capitale Maputo
Villes principales Beira, Nampula, Quelimane, Pemba, Nacala, Tete, Chimoio
Langue officielle portugais
Langues courantes emakhuwa, xichangana, elomwe,
Hymne national Pátria Amada (Patrie chérie)
Indépendance 25 juin 1975
Pays colonisateur Portugal
Monnaie metical
Indicatif tél. + 258

Les habitants du Mozambique sont appelés Mozambicaines et Mozambicains.

NAMIBIE

Nom officiel	République de Namibie
Lieu	Afrique australe
Superficie	824.292 km²
Population	2.630.073 (2020)
Capitale	Windhoek
Villes principales	Rundu, Walvis Bay, Swakopmund
Langue officielle	anglais
Langues courantes	langues oshiwambo, nama-damara, langues kavango, afrikaans
Hymne national	Namibia, Land of the Brave (Namibie, pays des braves)
Indépendance	21 mars 1990
Pays colonisateur	Afrique du Sud
Devise	Unité – Liberté – Justice
Monnaie	dollar namibien
Indicatif tél.	+ 264
Pays limitrophes	Angola au nord, Afrique du Sud au sud, Botswana à l'est, Zambie au nord-est

Les habitants de la Namibie sont appelés Namibiennes et Namibiens.

NIGER

Nom officiel République du Niger
Lieu Afrique de l'ouest
Superficie 1.267.000 millions km^2
Population 22.772.361 (2020)
Capitale Niamey
Villes principales Zinder, Maradi, Tessaoua, Agadez
Langue officielle français
Langues courantes hausa, djerma
Hymne national La Nigérienne
Indépendance 3 août 1960
Pays colonisateur France
Devise Fraternité – Travail – Progrès
Monnaie franc CFA de l'Union économique et monétaire ouest-africaine (UEMOA)
Indicatif tél. + 227
Pays limitrophes Algérie au nord-ouest, Libye au nord-est, Tchad à l'est, Nigéria au sud, Bénin et Burkina Faso au sud, Mali au sud-ouest

Les habitants du Niger sont appelés Nigériennes et Nigériens.

NIGERIA

Nom officiel République fédérale du Nigéria
Lieu Afrique de l'ouest
Superficie 923.768 km²
Population 214.028.302 (2020)
Capitale Abuja
Villes principales Lagos, Ibadan, Benin City, Kano, Port-Harcourt
Langue officielle anglais
Langues courantes haoussa, yorouba, igbo
Hymne national Arise, O compatriots, Nigeria's call obey (Debout, compatriotes, obéissez à l'appel du Nigéria)
Indépendance 1er octobre 1960
Pays colonisateur Royaume-Uni
Devise Unité et foi, paix et progrès
Monnaie naira
Indicatif tél. + 234
Pays limitrophes Bénin à l'ouest, Niger au nord, Tchad, au nord-est, Cameroun à l'est.

Les habitants du Nigéria sont appelés Nigérianes et Nigérians.

OUGANDA

Nom officiel	République d'Ouganda
Lieu	Afrique de l'est
Superficie	241.038 km²
Population	43.252.966 (2020)
Capitale	Kampala
Villes principales	Jinja, Entebbe, Mbarara, Mbale
Langue officielle	anglais
Langues courantes	luganda, swahili
Hymne national	Oh Uganda, Land of Beauty (Oh Ouganda, Terre de beauté)
Indépendance	9 octobre 1962
Pays colonisateur	Royaume-Uni
Devise	For God and My Country (Pour Dieu et mon pays)
Monnaie	shilling ougandais
Indicatif tél.	+ 256
Pays limitrophes	République démocratique du Congo à l'ouest, Kenya à l'est, Rwanda au sud-ouest, Soudan su Sud au nord, Tanzanie au sud

Les habitants de l'Ouganda sont appelés Ougandaises et Ougandais.

REPUBLIQUE ARABE SAHRAOUIE DEMOCRATIQUE

Nom officiel République arabe sahraouie démocratique

Lieu Afrique du nord

Contexte La République arabe sahraouie démocratique est un État de l'Afrique du nord dont l'existence n'est reconnue que par l'Union Africaine dont elle fait partie depuis 1982. Pourtant plusieurs pays de L'UA ont retiré leur reconnaissance de cet État. Aujourd'hui il n'y a que 24 pays dans le monde qui reconnaissent la République arabe sahraouie démocratique La langue officielle est l'arabe mais on y parle aussi l'espagnol.

Les habitants de la République arabe sahraouie démocratique sont appelés Sahraouies et Sahraouis

RWANDA

Nom officiel	République du Rwanda
Lieu	Afrique de l'est
Superficie	26.338 km²
Population	12.712.431 (2020)
Capitale	Kigali
Villes principales	Butare, Ruhengeri
Langues officielles	kinyarwanda, anglais, français, swahili
Hymne national	Rwanda Nziza (Notre beau Rwanda)
Indépendance	1 juillet 1962
Pays colonisateur	Belgique
Devise	Ubumwe, Umurimo, Gukunda Igihugu (Unité, travail, patriotisme)
Monnaie	franc rwandais
Indicatif tél.	+ 250
Pays limitrophes	Ouganda au nord, Tanzanie à l'est, Burundi au sud, République démocratique du Congo à l'ouest

Les habitants du Rwanda sont appelés Rwandaises et Rwandais.

SÃO TOME-ET-PRINCIPE

Nom officiel République démocratique de Sao Tomé-et-Principe
Lieu Afrique centrale (archipel dans le golfe de Guinée)
Superficie 964 km²
Population 211.122 (2020)
Capitale São Tomé
Langue officielle portugais
Langues courantes forro, moncó
Hymne national Independência total (indépendance totale)
Indépendance 12 juillet 1975
Pays colonisateur Portugal
Devise Unité – Discipline – Travail
Monnaie dobra
Indicatif tél. + 239

Les habitants de Sao Tomé-et-Principe sont appelés Santoméennes ou Santoméens.

SENEGAL

Nom officiel République du Sénégal
Lieu Afrique de l'ouest
Superficie 196.722 km²
Population 15.736.368 (2020)
Capitale Dakar
Villes principales Thiès, Kaolack, Ziguinchor, Saint-Louis
Langue officielle français
Langues courantes wolof, peul, dioula, malinké, sérère, soninké
Hymne national Le Lion rouge
Indépendance 4 avril 1960
Pays colonisateur France
Devise Un Peuple – un but – une Foi
Monnaie franc CFA de l'Union économique et monétaire ouest-africaine (UEMOA)
Indicatif tél. + 221
Pays limitrophes Mauritanie au nord, Mali à l'est, République de Guinée et Guinée-Bissau au sud.

Les habitants du Sénégal sont appelés Sénégalaises et Sénégalais.

SEYCHELLES

Nom officiel	République des Seychelles
Lieu	Afrique de l'est
Superficie	455 km²
Population	95.981 (2020)
Capitale	Victoria
Langues officielles	créole seychellois, anglais, français
Hymne national	Koste Seselwa (Unissons-nous Seychellois)
Indépendance	29 juin 1976
Pays colonisateur	Royaume-Uni
Devise	La fin couronne l'œuvre.
Monnaie	roupie seychelloise
Indicatif tél.	+ 248

Les habitants des Seychelles sont appelés Seychelloises et Seychellois.

SIERRA LEONE

Nom officiel	République de Sierra Leone
Lieu	Afrique de l'ouest
Superficie	71.740 km²
Population	6.624.933 (2020)
Capitale	Freetown
Villes principales	Bo, Kenema, Makeni
Langue officielle	anglais
Langues courantes	mendé, temne, krio
Hymne national	High We Exalt Thee, Realm of the Free (Nous t'exaltons en haut, Royaume de la liberté)
Indépendance	27 avril 1961
Pays colonisateur	Royaume-Uni
Devise	Unité – Liberté – Justice
Monnaie	leone
Indicatif tél.	+ 232
Pays limitrophes	Guinée au nord-ouest et nord-est, Libéria au sud-est.

Les habitants de la Sierra Leone sont appelés Sierraléonaises et Sierraléonais.

SOMALIE

Nom officiel	République fédérale de Somalie
Lieu	Afrique de l'est (Corne de l'Afrique)
Superficie	637.657 km²
Population	11.757.124 (2020)
Capitale	Mogadiscio
Villes principales	Hargeisa, Bossasso
Langue officielle	somali, arabe
Hymne national	Qolobaa Calankeed (Louange au drapeau)
Indépendance	1er juillet 1960
Pays colonisateurs	Italie, Italie
Monnaie	shilling somalien
Indicatif tél.	+ 252

Pays limitrophes Djibouti au nord-ouest, Éthiopie à l'ouest, Kenya au sud-ouest

Les habitants de la Somalie sont appelés Somaliennes et Somaliens.

SOUDAN

Nom officiel	République du Soudan
Lieu	Afrique de l'est
Superficie	1.861.484 km²
Population	45.561.556 (2020)
Capitale	Khartoum
Villes principales	Omdurman, Port-Soudan, Nyala
Langue officielle	arabe, anglais
Hymne national	Nahnu Djundulla Djundulwatan (Nous sommes soldats de Dieu, soldats de la patrie)
Indépendance	1er janvier 1956
Pays colonisateur	Royaume-Uni, Égypte
Devise	La victoire est à nous.
Monnaie	livre soudanaise
Indicatif tél.	+ 249
Pays limitrophes	Libye au nord-ouest, Égypte au nord, Érythrée à l'est, Éthiopie au sud-est, Soudan du Sud au sud, Centrafrique au sud-ouest, Tchad à l'ouest.

Les habitants du Soudan sont appelés Soudanaises ou Soudanais.

SOUDAN DU SUD

Nom officiel	République du Soudan du Sud
Lieu	Afrique de l'est
Superficie	644.329 km²
Population	10.561.244 (2020)
Capitale	Djouba
Villes principales	Wau, Malakal
Langue officielle	anglais
Langues courantes	arabe, nuer, dinka, zandé, bari
Hymne national	South Sudan Oyee!
Indépendance	9 juillet 2011 (du Soudan)
Devise	Justice – Liberté – Prospérité
Monnaie	livre sud-soudanaise
Indicatif tél.	+ 211
Pays limitrophes	Soudan au nord, Éthiopie à l'est, Kenya à l'est-sud-est, l'Ouganda au sud-est, République démocratique du Congo au sud-sud-ouest, République centrafricaine à l'ouest

Les habitants du Soudan du Sud sont appelés Sud-Soudanaises ou Sud-Soudanais.

TANZANIE

Nom officiel République unie de Tanzanie
Lieu Afrique de l'est
Superficie 947.300 km²
Population 58.552.845 (2020)
Capitale Dodoma (capitale législative)
Dar es Salam (capitale administrative et économique)
Villes principales Arusha, Zanzibar, Mwanza, Tanga, Tabora
Langues officielles swahili, anglais
Langues courantes kiunguja, arabe
Hymne national Mungu ibariki Afrika (Dieu bénisse l'Afrique)
Indépendance 9 décembre 1961
Pays colonisateur Royaume-Uni
Devise Uhuru na Umoja (Liberté et unité)
Monnaie shilling tanzanien
Indicatif tél. + 255
Pays limitrophes Kenya et Ouganda au nord, Rwanda, Burundi et République démocratique du Congo à l'ouest, Zambie et Malawi au sud-ouest, Mozambique au sud

Les habitants de la Tanzanie sont appelés Tanzaniennes ou Tanzaniens.

TCHAD

Nom officiel	République du Tchad
Lieu	Afrique centrale
Superficie	1.284.000 km²
Population	16.877.357 (2020)
Capitale	N'Djamena
Villes principales	Abéché, Moundou
Langues officielles	arabe, français
Hymne national	La Tchadienne
Indépendance	11 août 1960
Pays colonisateur	France
Devise	Unité – Travail – Progrès
Monnaie	franc CFA de la Coopération économique et monétaire en Afrique centrale (CEMAC)
Indicatif tél.	+ 235
Pays limitrophes	Libye au nord, Niger à l'ouest, Nigeria à l'ouest-sud-ouest, Cameroun au sud-sud-ouest, République centrafricaine au sud, Soudan à l'est.

Les habitants du Tchad sont appelés Tchadiennes et Tchadiens.

TOGO

Nom officiel République togolaise
Lieu Afrique de l'ouest
Superficie 56.785 km²
Population 8.608.444 (2020)
Capitale Lomé
Villes principales Dapaong, Kara, Atakpamé, Sokodé
Langue officielle français
Langues courantes éwé, mina, kabiyè
Hymne national Terre de nos aïeux
Indépendance 27 avril 1960
Pays colonisateur France
Devise Travail – Liberté – Patrie
Monnaie franc CFA de l'Union économique et monétaire ouest-africaine (UEMOA)
Indicatif tél. + 228
Pays limitrophes Burkina Faso au nord, Bénin à l'est, Ghana à l'ouest.

Les habitants du Togo sont appelés Togolaises et Togolais.

TUNISIE

Nom officiel	République de Tunisie
Lieu	Afrique du nord
Superficie	163.610 km²
Population	11.721.177 (2020)
Capitale	Tunis
Villes principales	Sfax, Gabès, Sousse
Langues officielles	arabe
Langues courantes	français, berbère
Hymne national	Humat Al-Hima (Défenseurs de la patrie)
Indépendance	20 mars 1956
Pays colonisateur	France
Devise	Liberté – Dignité – Justice – Ordre
Monnaie	dinar tunisien
Indicatif tél.	+ 216
Pays limitrophes	Algérie à l'ouest, Libye au sud-est

Les habitants de la Tunisie sont appelés Tunisiennes et Tunisiens.

ZAMBIE

Nom officiel	République de Zambie
Lieu	Afrique australe
Superficie	752.618 km²
Population	17.426.623 (2020)
Capitale	Lusaka
Villes principales	Ndola, Kitwe, Kabwe, Chingola
Langue officielle	anglais
Langues courantes	bemba, nyanja, tonga, lozi
Hymne national	Stand and Sing of Zambia, Proud and Free (Levez-vous et chantez la Zambie, fière et libre)
Indépendance	24 octobre 1964
Pays colonisateur	Royaume-Uni
Devise	Une Zambie, une nation
Monnaie	kwacha
Indicatif tél.	+ 260
Pays limitrophes	Angola à l'ouest, République démocratique du Congo et Tanzanie au nord, Malawi et Mozambique à l'est, Zimbabwe, Botswana, Namibie au sud

Les habitants de la Zambie sont appelés Zambiennes et Zambiens.

ZIMBABWE

Nom officiel République du Zimbabwe
Lieu Afrique australe
Superficie 390.757 km²
Population 14.546.314 (2020)
Capitale Harare
Villes principales Bulawayo, Chitungwiza, Mutare, Epworth
Langues officielles anglais, shona, ndebele et 13 autres langues du pays
Hymne national Kalibusiswe Ilizwe leZimbabwe (Montez haut le drapeau du Zimbabwe)
Indépendance 18 avril 1980
Pays colonisateur Royaume-Uni
Devise Unité – Liberté – Travail
Monnaie dollar américain (à la suite d'une trop grande inflation, le dollar zimbabwéen a été abandonné en 2009 au profit du dollar américain.
Indicatif tél. + 263
Pays limitrophes Zambie au nord-ouest, Afrique du Sud au sud, Botswana au sud-ouest, Mozambique à l'est

Les habitants du Zimbabwe sont appelés Zimbabwéennes et Zimbabwéens.

Tableaux synoptiques

Capitales des pays africains

Pays	Capitales
Afrique du Sud	Pretoria (capitale administrative) Le Cap (Capitale législative) Bloemfontein (Capitale judiciaire)
Algérie	Alger
Angola	Luanda
Bénin	Porto-Novo (capitale politique) Cotonou (capitale économique)
Botswana	Gaborone
Burkina Faso	Ouagadougou
Burundi	Gitega (capitale politique) Bujumbura (capitale économique)
Cameroun	Yaoundé (capitale politique) Douala (capitale économique)
Cap-Vert	Praia
Centrafrique	Bangui
Comores	Moroni
Congo	Brazzaville
Congo (RD)	Kinshasa
Côte d'Ivoire	Yamoussoukro (capitale politique) Abidjan (capitale économique)
Djibouti	Djibouti
Égypte	Le Caire
Érythrée	Asmara
Eswatini	Mbabane (capitale administrative) Lobamba (capitale royale et législative)
Éthiopie	Addis-Abeba
Gabon	Libreville
Gambie	Banjul
Ghana	Accra
Guinée	Conakry
Guinée-Bissau	Bissau

Guinée équatoriale	Malabo
Kenya	Nairobi
Lesotho	Maseru
Liberia	Monrovia
Libye	Tripoli
Madagascar	Antananarivo
Malawi	Lilongwe
Mali	Bamako
Maroc	Rabat
Maurice	Port-Louis
Mauritanie	Nouakchott
Mozambique	Maputo
Namibie	Windhoek
Niger	Niamey
Nigéria	Abuja
Ouganda	Kampala
République arabe	-------------
Rwanda	Kigali
Sao Tomé-et-Principe	São Tomé
Sénégal	Dakar
Seychelles	Victoria
Sierra Leone	Freetown
Somalie	Mogadiscio
Soudan	Khartoum
Soudan du Sud	Djouba
Tanzanie	Dodoma
Tchad	N'Djaména
Togo	Lomé
Tunisie	Tunis
Zambie	Lusaka
Zimbabwe	Harare

Langues officielles des pays africains

Pays	Langues officielles
Afrique du Sud	Zoulou, xhosa, afrikaans, anglais, sepedi, sesotho, setswana, xitsonga, siswati, tshivenda, ndebele
Algérie	Arabe, tamazight
Angola	Portugais
Bénin	Français
Botswana	Tswana, anglais
Burkina Faso	Français
Burundi	Français, kirundi
Cameroun	Français, anglais
Cap-Vert	Portugais, créole du Cap-Vert
Centrafrique	Français, sango
Comores	Arabe, français, comorien
Congo	Français
Congo (RD)	Français
Côte d'Ivoire	Français
Djibouti	Français, arabe
Égypte	Arabe
Érythrée	Tigrigna, arabe, français
Eswatini	Swati, anglais
Éthiopie	Amharique, anglais, arabe, oromigna et tigrinya
Gabon	Français
Gambie	Anglais
Ghana	Anglais
Guinée	Français
Guinée-Bissau	Portugais
Guinée équatoriale	Espagnol, français, portugais

Kenya	Anglais, swahili
Lesotho	Sésotho, anglais
Liberia	Anglais
Libye	Arabe
Madagascar	Malgache, français
Malawi	Chichewa, anglais
Mali	Français
Maroc	Arabe, tamazight
Maurice	Anglais, français
Mauritanie	Arabe
Mozambique	Portugais
Namibie	Anglais
Niger	Français
Nigéria	Anglais
Ouganda	Anglais
République arabe	Arabe, espagnol
Rwanda	Kinyarwanda, anglais, français, swahili
Sao Tomé-et-Principe	Portugais
Sénégal	Français
Seychelles	Créole seychellois, anglais, français
Sierra Leone	Anglais
Somalie	Somali, arabe
Soudan	Arabe, anglais
Soudan du Sud	Anglais
Tanzanie	Swahili, anglais
Tchad	Arabe, français
Togo	Français
Tunisie	Arabe
Zambie	Anglais
Zimbabwe	Anglais, shona, ndebele et 13 autres langues du pays

Monnaies des pays africains

Pays	Monnaies
Afrique du Sud	Rand
Algérie	Dinar algérien
Angola	Kwanza
Bénin	Franc CFA (UEMOA)
Botswana	Pula
Burkina Faso	Franc CFA (UEMOA)
Burundi	Franc burundais
Cameroun	Franc CFA (CEMAC)
Cap-Vert	Escudo cap-verdien
Centrafrique	Franc CFA (CEMAC)
Comores	Franc comorien
Congo	Franc CFA (CEMAC)
Congo (RD)	Franc congolais
Côte d'Ivoire	Franc CFA (UEMOA)
Djibouti	Franc djiboutien
Égypte	Livre égyptienne
Érythrée	Nafka
Eswatini	Lilangeni
Éthiopie	Birr
Gabon	Franc CFA (CEMAC)
Gambie	Dalasi
Ghana	Cedi

Guinée	Franc guinéen
Guinée-Bissau	Franc CFA (UEMOA)
Guinée équatoriale	Franc CFA (CEMAC)
Kenya	Shilling kényan
Lesotho	Loti
Liberia	Dollar libérien
Libye	Dinar libyen
Madagascar	Ariary
Malawi	Kwacha
Mali	Franc CFA (UEMOA)
Maroc	Dirham marocain
Maurice	Roupie mauricienne
Mauritanie	Ouguiya
Mozambique	Metical
Namibie	Dollar namibien
Niger	Franc CFA (UEMOA)
Nigéria	Naira
Ouganda	Shilling ougandais
République arabe sahraouie démocratique	Peseta sahraouie
Rwanda	Franc rwandais
Sao Tomé-et-Principe	Dobra
Sénégal	Franc CFA (UEMOA)
Seychelles	Roupie seychelloise
Sierra Leone	Leone

Somalie	Shilling somalien
Soudan	Livre soudanaise
Soudan du Sud	Livre sud-soudanaise
Tanzanie	Shilling tanzanien
Tchad	Franc CFA (CEMAC)
Togo	Franc CFA (UEMOA)
Tunisie	Dinar tunisien
Zambie	Kwacha
Zimbabwe	Dollar américain

Indépendances des pays africains

Pays	Dates	Pays colonisateur
Afrique du Sud	31 mai 1910	Royaume-Uni
Algérie	5 juillet 1962	France
Angola	11 novembre 1975	Portugal
Bénin	1er août 1960	France
Botswana	30 septembre 1966	Royaume-Uni
Burkina Faso	5 août 1960	France
Burundi	1er juillet 1962	Belgique
Cameroun	1er janvier 1960	France
Cap-Vert	5 juillet 1975	Portugal
Centrafrique	13 août 1960	France
Comores	6 juillet 1975	France
Congo	15 août 1960	France
Congo (RD)	30 juin 1960	Belgique
Côte d'Ivoire	7 août 1960	France
Djibouti	27 juin 1977	France
Égypte	28 février 1922	Royaume-Uni
Érythrée	24 mai 1993	Éthiopie
Eswatini	6 septembre 1968	Royaume-Uni
Éthiopie	--------	------------
Gabon	17 août 1960	France
Gambie	18 février 1965	Royaume-Uni
Ghana	6 mars 1957	Royaume-Uni

Guinée	2 octobre 1958	France
Guinée-Bissau	24 septembre 1973	Portugal
Guinée équatoriale	12 octobre 1968	Espagne
Kenya	12 décembre 1963	Royaume-Uni
Lesotho	4 octobre 1966	Royaume-Uni
Liberia	26 juillet 1847	États-Unis
Libye	24 décembre 1951	Tutelle de l'ONU
Madagascar	26 juin 1960	France
Malawi	6 juillet 1964	Royaume-Uni
Mali	22 septembre 1960	France
Maroc	2 mars 1956	France
Maurice	12 mars 1968	Royaume-Uni
Mauritanie	28 novembre 1960	France
Mozambique	25 juin 1975	Portugal
Namibie	21 mars 1990	Afrique du Sud
Niger	3 août 1960	France
Nigéria	1er octobre 1960	Royaume-Uni
Ouganda	9 octobre 1962	Royaume-Uni
République arabe sahraouie démocratique	-------	-------
Rwanda	1 juillet 1962	Belgique
Sao Tomé-et-Principe	12 juillet 1975	Portugal
Sénégal	4 avril 1960	France

Seychelles	29 juin 1976	Royaume-Uni
Sierra Leone	27 avril 1961	Royaume-Uni
Somalie	1er juillet 1960	Royaume-Uni, Italie
Soudan	1er janvier 1956	Royaume-Uni, Égypte
Soudan du Sud	9 juillet 2011	Soudan
Tanzanie	9 décembre 1961	Royaume-Uni
Tchad	11 août 1960	France
Togo	27 avril 1960	France
Tunisie	20 mars 1956	France
Zambie	24 octobre 1964	Royaume-Uni
Zimbabwe	18 avril 1980	Royaume-Uni

Titres des hymnes nationaux des pays africains

Pays	Nom de l'hymne
Afrique du Sud	Nkosi Sikelel' iAfrika (Dieu protège l'Afrique)
Algérie	Kassaman (« Nous jurons » en arabe) Tagallit (« le serment » en berbère)
Angola	Angola Avante (En avant, Angola)
Bénin	Aube Nouvelle
Botswana	Bring on the rain (Que tombe la pluie)
Burkina Faso	Ditanyè (Hymne de la victoire)
Burundi	Burundi Bwacu (Burundi aimé)
Cameroun	Ô Cameroun berceau de nos ancêtres (Chant de Ralliement)
Cap-Vert	Cântico da Liberdade (Chant de la Liberté)
Centrafrique	La Renaissance
Comores	Udzima wa yamasiwa (Union des îles)
Congo	La Congolaise
Congo (RD)	Debout Congolais
Côte d'Ivoire	L'abidjanaise
Djibouti	Djibouti
Égypte	Biladi, Biladi, Biladi (Ma patrie, ma patrie, ma patrie)
Érythrée	Ertra, Ertra, Ertra (Érythrée, Érythrée, Érythrée)

Eswatini	Nkulunkulu Mnikati weibusiso Tema Swati (Ô Seigneur est notre dieu, Eswatini)
Éthiopie	Wedefit Gesgeshi Woude Enat Ityopya (Marche vers l'avant, chère Mère Éthiopie)
Gabon	La Concorde
Gambie	For The Gambia Our Homeland (Pour la Gambie notre patrie)
Ghana	God Bless Our Homeland Ghana (Dieu bénisse notre patrie, le Ghana)
Guinée	Liberté
Guinée-Bissau	Esta é a Nossa Pátria Bem Amada (Ceci est notre bien-aimé pays)
Guinée équatoriale	Caminemos pisando las sendas de nuestra inmensa felicidad (Marchons en foulant les chemins de notre bonheur immense)
Kenya	Ee Mungu Nguvu Yetu (Ô Dieu de toute création)
Lesotho	Lesōthō fatše la bo ntat'a rōna (Lesotho, terre de nos pères)
Liberia	All Hail, Liberia, Hail! (Gloire à toi, Libéria, gloire à toi !)
Libye	Libye, Libye, Libye
Madagascar	Ry Tanindrazanay malala ô (Ô Terre de nos ancêtres bien-aimés)
Malawi	Mlungu salitsani malawi (Dieu bénisse le Malawi)
Mali	Pour l'Afrique et pour toi, Mali

Maroc	Hymne Cherifien
Maurice	Motherland (Mère patrie)
Mauritanie	Hymne National de la République Islamique de Mauritanie
Mozambique	Pátria Amada (Patrie chérie)
Namibie	Namibia, Land of the Brave (Namibie, pays des braves)
Niger	La Nigérienne
Nigéria	Arise, O compatriots, Nigeria's call obey (Debout, compatriotes, obéissez à l'appel du Nigéria)
Ouganda	Oh Uganda, Land of Beauty (Oh Ouganda, Terre de beauté)
République arabe	
Rwanda	Rwanda Nziza (Notre beau Rwanda)
Sao Tomé-et-Principe	Independência total (indépendance totale)
Sénégal	Le Lion rouge
Seychelles	Koste Seselwa (Unissons-nous Seychellois)
Sierra Leone	High We Exalt Thee, Realm of the Free (Nous t'exaltons en haut, Royaume de la liberté)
Somalie	Qolobaa Calankeed (Louange au drapeau)
Soudan	Nahnu Djundulla Djundulwatan (Nous sommes soldats de Dieu, soldats de la patrie)

Soudan du Sud	South Sudan Oyee!
Tanzanie	Mungu ibariki Afrika (Dieu bénisse l'Afrique)
Tchad	La Tchadienne
Togo	Terre de nos aïeux
Tunisie	Humat Al-Hima (Défenseurs de la patrie)
Zambie	Stand and Sing of Zambia, Proud and Free (Levez-vous et chantez la Zambie, fière et libre)
Zimbabwe	Kalibusiswe Ilizwe leZimbabwe (Montez haut le drapeau du Zimbabwe)

Devise des pays africains

Pays	Devises
Afrique du Sud	L'unité dans la diversité
Algérie	Par le Peuple et pour le Peuple
Angola	L'union fait la force
Bénin	Fraternité – Justice – Travail
Botswana	Que tombe la pluie !
Burkina Faso	Unité - Progrès - Justice
Burundi	Unité – Travail – Progrès
Cameroun	Paix – Travail – Patrie
Cap-Vert	Unité – Travail – Progrès
Centrafrique	Unité - Dignité – Travail
Comores	Unité – Égalité – Paix
Congo	Unité – Travail – Progrès
Congo (RD)	Justice – Paix – Travail
Côte d'Ivoire	Union – Discipline – Travail
Djibouti	Unité – Égalité – Paix
Égypte	---
Érythrée	---
Eswatini	Nous sommes une forteresse
Éthiopie	---
Gabon	Union – Travail – Justice
Gambie	Progrès – Paix – Prospérité
Ghana	Liberté et Justice
Guinée	Travail – Justice – Solidarité
Guinée-Bissau	Unité – Lutte -Progrès
Guinée équatoriale	Unité, paix, justice
Kenya	Travaillons ensemble
Lesotho	Paix, pluie et prospérité

Liberia	L'amour de la liberté nous a amené ici
Libye	---
Madagascar	Amour, Patrie, Progrès
Malawi	Unité et liberté
Mali	Un peuple, un but, une foi
Maroc	Dieu, la Patrie, le Roi
Maurice	---
Mauritanie	Honneur – Fraternité – Justice
Mozambique	---
Namibie	Unité – Liberté – Justice
Niger	Fraternité – Travail – Progrès
Nigéria	Unité et foi, paix et progrès
Ouganda	Pour Dieu et mon pays
République arabe sahraouie démocratique	---
Rwanda	Unité, travail, patriotisme
Sao Tomé-et-Principe	Unité – Discipline – Travail
Sénégal	Un Peuple – un but – une Foi
Seychelles	La fin couronne l'œuvre.
Sierra Leone	Unité – Liberté – Justice
Somalie	---
Soudan	La victoire est à nous.
Soudan du Sud	Justice – Liberté – Prospérité
Tanzanie	Liberté et unité
Tchad	Unité – Travail – Progrès
Togo	Travail – Liberté – Patrie
Tunisie	Liberté – Dignité – Justice – Ordre
Zambie	Une Zambie, une nation
Zimbabwe	Unité – Liberté – Travail

Indicatifs téléphoniques des pays africains

Pays	Indicatifs
Afrique du Sud	+ 27
Algérie	+ 213
Angola	+ 244
Bénin	+ 229
Botswana	+ 267
Burkina Faso	+ 226
Burundi	+ 257
Cameroun	+ 237
Cap-Vert	+ 238
Centrafrique	+ 236
Comores	+ 269
Congo	+ 242
Congo (RD)	+ 243
Côte d'Ivoire	+ 225
Djibouti	+ 253
Égypte	+ 20
Érythrée	+ 291
Eswatini	+ 268
Éthiopie	+ 251
Gabon	+ 241
Gambie	+ 220
Ghana	+ 233
Guinée	+ 224
Guinée-Bissau	+ 245
Guinée équatoriale	+ 240
Kenya	+ 254
Lesotho	+ 266
Liberia	+ 231
Libye	+ 218

Madagascar	+ 261
Malawi	+ 265
Mali	+ 223
Maroc	+ 212
Maurice	+ 230
Mauritanie	+ 222
Mozambique	+ 258
Namibie	+ 264
Niger	+227
Nigéria	+ 234
Ouganda	+ 256
République arabe sahraouie démocratique	+212
Rwanda	+ 250
Sao Tomé-et-Principe	+ 239
Sénégal	+ 221
Seychelles	+ 248
Sierra Leone	+ 232
Somalie	+ 252
Soudan	+ 249
Soudan du Sud	+ 211
Tanzanie	+ 255
Tchad	+ 235
Togo	+ 228
Tunisie	+ 216
Zambie	+ 260
Zimbabwe	+ 263

L'AFRIQUE C'EST NOUS !

www.educationpolitique.com

L'AFRIQUE C'EST NOUS !

www.educationpolitique.com